Société Générale des Chemins de Fer Économiques

LOI

DU 15 JUILLET 1845

SUR

LA POLICE DES CHEMINS DE FER

DÉCRET

DU 11 NOVEMBRE 1917

PORTANT

RÈGLEMENT D'ADMINISTRATION PUBLIQUE

SUR

LA POLICE, LA SURETÉ ET L'EXPLOITATION

des Voies ferrées d'Intérêt général et d'Intérêt local

AUXERRE — IMPRIMERIE GALLOT

1920

Société Générale des Chemins de Fer Économiques

LOI

DU 15 JUILLET 1845

SUR

LA POLICE DES CHEMINS DE FER

DÉCRET

DU 11 NOVEMBRE 1917

PORTANT

RÈGLEMENT D'ADMINISTRATION PUBLIQUE

SUR

LA POLICE, LA SURETÉ ET L'EXPLOITATION

des Voies ferrées d'Intérêt géneral et d'Intérêt local

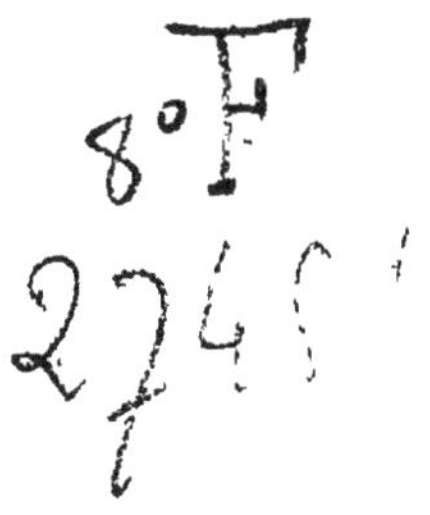

AUXERRE — IMPRIMERIE GALLOT

1920

LOI

SUR LA POLICE

DES CHEMINS DE FER

15 Juillet 1845

TITRE PREMIER

Mesures relatives à la Conservation des Chemins de fer.

ARTICLE PREMIER.

Les chemins de fer construits ou concédés par l'Etat font partie de la grande voirie.

ART. 2.

Sont applicables aux chemins de fer les lois et règlements sur la grande voirie qui ont pour objet d'assurer la conservation des fossés, talus, levées et ouvrages d'art dépendant des routes, et d'interdire, sur toute leur étendue, le pacage des bestiaux et les dépôts de terre et autres objets quelconques.

ART. 3.

Sont applicables aux propriétés riveraines des chemins de fer les servitudes imposées par les lois et règlements sur la grande voirie, et qui concernent :

L'alignement ;

L'écoulement des eaux ;

L'occupation temporaire des terrains en cas de réparation ;

La distance à observer pour les plantations, et l'élagage des arbres plantés ;

Le mode d'exploitation des mines, minières, tourbières, carrières et sablières, dans la zone déterminée à cet effet.

Sont également applicables à la confection et à l'entretien des chemins de fer, les lois et règlements sur l'extraction des matériaux nécessaires aux travaux publics.

ART. 4.

Tout chemin de fer sera clos des deux côtés et sur toute l'étendue de la voie.

L'Administration déterminera, pour chaque ligne, le mode de cette clôture, et, pour ceux des chemins qui n'y ont pas été assujettis, l'époque à laquelle elle devra être effectuée.

Partout où les chemins de fer croiseront de niveau les routes de terre, des barrières seront établies et tenues fermées, conformément aux règlements.

ART. 5.

A l'avenir, aucune construction, autre qu'un mur de clôture, ne pourra être établie dans une distance de deux mètres d'un chemin de fer.

Cette distance sera mesurée, soit de l'arête supérieure du déblai, soit de l'arête inférieure du talus du remblai, soit du bord extérieur des fossés du chemin, et, à défaut d'une ligne tracée, à un mètre cinquante centimètres à partir des rails extérieurs de la voie de fer.

Les constructions existantes au moment de la promulgation de la présente loi, ou lors de l'établissement d'un nouveau chemin de fer, pourront être entretenues dans l'état où elles se trouveront à cette époque.

Un règlement d'administration publique déterminera les formalités à remplir par les propriétaires pour faire constater l'état desdites constructions, et fixera le délai dans lequel ces formalités devront être remplies.

Art. 6.

Dans les localités où le chemin de fer se trouvera en remblai de plus de trois mètres au-dessus du terrain naturel, il est interdit aux riverains de pratiquer, sans autorisation préalable, des excavations dans une zone de largeur égale la hauteur verticale du remblai, mesurée à partir du pied du talus.

Cette autorisation ne pourra être accordée sans que les concessionnaires ou fermiers de l'exploitation du chemin de fer aient été entendus ou dûment appelés.

Art. 7.

Il est défendu d'établir, à une distance de moins de vingt mètres d'un chemin de fer desservi par des machines à feu, des couvertures en chaume, des meules de paille, de foin, et aucun autre dépôt de matières inflammables.

Cette prohibition ne s'étend pas aux dépôts des récoltes faits seulement pour le temps de la moisson.

Art. 8.

Dans une distance de moins de cinq mètres d'un chemin de fer, aucun dépôt de pierres, ou objets non inflammables, ne peut être établi sans l'autorisation préalable du Préfet.

Cette autorisation sera toujours révocable.

L'autorisation n'est pas nécessaire :

1° Pour former, dans les localités où le chemin de fer est en remblai, des dépôts de matières non inflammables, dont la hauteur n'excède pas celle du remblai du chemin ;

2° Pour former des dépôts temporaires d'engrais et autres objets nécessaires à la culture des terres.

ART. 9.

Lorsque la sûreté publique, la conservation du chemin et la disposition des lieux le permettront, les distances déterminées par les articles précédents pourront être diminuées en vertu d'ordonnances royales rendues après enquêtes.

ART. 10.

Si, hors des cas d'urgence prévus par la loi des 16-24 août 1790, la sûreté publique ou la conservation du chemin de fer l'exige, l'Administration pourra faire supprimer, moyennant une juste indemnité, les constructions, plantations excavations, couvertures en chaume, amas de matériaux combustibles ou autres existant, dans les zones ci-dessus spécifiées, au moment de la promulgation de la présente loi, et, pour l'avenir, lors de l'établissement du chemin de fer.

L'indemnité sera réglée, pour la suppression des construc, tions, conformément aux titres IV et suivants de la loi du 3 mai 1841, et, pour tous les autres cas, conformément à la loi du 16 septembre 1807.

ART. 11.

Les contraventions aux dispositions du présent titre seront constatées, poursuivies et réprimées comme en matière de grande voirie.

Elles seront punies d'une amende de seize à trois cents francs, sans préjudice, s'il y a lieu, des peines portées au Code pénal et au titre III de la présente loi. Les contrevenants seront, en outre, condamnés à supprimer, dans le délai déterminé par l'arrêté du Conseil de préfecture, les excavations, couvertures, meules ou dépôts faits contrairement aux dispositions précédentes.

A défaut, par eux, de satisfaire à cette condamnation dans le délai fixé, la suppression aura lieu d'office, et le montant de la dépense sera recouvré contre eux par voie de contrainte comme en matière de contributions publiques.

TITRE II

Des Contraventions de Voirie commises par les Concessionnaires ou Fermiers de Chemins de fer.

Art. 12.

Lorsque le concessionnaire ou le fermier de l'exploitation d'un chemin de fer contreviendra aux clauses du cahier des charges, ou aux décisions rendues en exécution de ces clauses, en ce qui concerne le service de la navigation, la viabilité des routes royales, départementales et vicinales, ou le libre écoulement des eaux, procès-verbal sera dressé de la contravention, soit par les ingénieurs des ponts et chaussées ou des mines, soit par les conducteurs, garde-mines et piqueurs, dûment assermentés.

Art. 13.

Les procès-verbaux, dans les quinze jours de leur date,

seront notifiés administrativement au domicile élu par le concessionnaire ou le fermier, à la diligence du Préfet, et transmis dans le même délai au Conseil de préfecture du lieu de la contravention.

ART. 14.

Les contraventions prévues à l'article 12 seront punies d'une amende de trois cents francs à trois mille francs.

ART. 15.

L'Administration pourra, d'ailleurs, prendre immédiatement toutes mesures provisoires pour faire cesser le dommage, ainsi qu'il est procédé en matière de grande voirie.

Les frais qu'entraînera l'exécution de ces mesures seront recouvrés, contre le concessionnaire ou fermier par voie de contrainte, comme en matière de contributions publiques.

TITRE III.

Des Mesures relatives à la Sûreté de la circulation sur les Chemins de fer.

ART. 16.

Quiconque aura volontairement détruit ou dérangé la voie de fer, placé sur la voie un objet faisant obstacle à la circulation, ou employé un moyen quelconque pour entraver la marche des convois ou les faire sortir des rails, sera puni de la réclusion.

S'il y a eu homicide ou blessures, le coupable sera, dans

le premier cas, puni de mort, et, dans le second, de la peine des travaux forcés à temps.

Art. 17.

Si le crime prévu par l'article 16 a été commis en réunion séditieuse, avec rébellion ou pillage, il sera imputable aux chefs, auteurs, instigateurs et provocateurs de ces réunions, qui seront punis comme coupables du crime et condamnés aux mêmes peines que ceux qui l'auront personnellement commis, lors même que la réunion séditieuse n'aurait pas eu pour but direct et principal la destruction de la voie de fer.

Toutefois, dans ce dernier cas, lorsque la peine de mort sera applicable aux auteurs du crime, elle sera remplacée, à l'égard des chefs, auteurs, instigateurs et provocateurs de ces réunions, par la peine des travaux forcés à perpétuité.

Art. 18.

Quiconque aura menacé, par écrit anonyme ou signé, de commettre un des crimes prévus par l'article 16, sera puni d'un emprisonnement de trois à cinq ans, dans le cas où la menace aurait été faite avec ordre de déposer une somme d'argent dans un lieu indiqué, ou de remplir toute autre condition.

Si la menace n'a été accompagnée d'aucun ordre ou condition, la peine sera d'un emprisonnement de trois mois à deux ans, et d'une amende de cent à cinq cents francs.

Si la menace avec ordre ou condition a été verbale, le coupable sera puni d'un emprisonnement de quinze jours à six mois, et d'une amende de vingt-cinq à trois cents francs.

Dans tous les cas, le coupable pourra être mis par le jugement sous la surveillance de la haute police, pour un temps qui ne pourra être moindre de deux ans, ni excéder cinq ans.

Art. 19.

Quiconque, par maladresse, imprudence, inattention, négligence ou inobservation des lois ou règlements, aura involontairement causé sur un chemin de fer, ou dans les gares ou stations, un accident qui aura occasionné des blessures, sera puni de huit jours à six mois d'emprisonnement, et d'une amende de cinquante à mille francs.

Si l'accident a occasionné la mort d'une ou plusieurs personnes, l'emprisonnement sera de six mois à cinq ans, et l'amende de trois cents à trois mille francs.

Art. 20.

Sera puni d'un emprisonnement de six mois à deux ans, tout mécanicien ou conducteur garde-frein qui aura abandonné son poste pendant la marche du convoi.

Art. 21.

Toute contravention aux ordonnances royales portant règlement d'administration publique sur la police, la sûreté et l'exploitation du chemin de fer, et aux arrêtés pris par les Préfets, sous l'approbation du Ministre des Travaux publics, pour l'exécution des dites ordonnances, sera punie d'une amende de seize à trois mille francs.

En cas de récidive dans l'année, l'amende sera portée au double, et le Tribunal pourra, selon les circonstances, prononcer, en outre, un emprisonnement de trois jours à un mois.

ART. 22.

Les concessionnaires ou fermiers d'un chemin de fer seront responsables, soit envers l'Etat, soit envers les particuliers, du dommage causé par les administrateurs, directeurs ou employés à un titre quelconque au service de l'exploitation du chemin de fer.

L'Etat sera soumis à la même responsabilité envers les particuliers, si le chemin de fer est exploité à ses frais et pour son compte.

ART. 23.

Les crimes, délits ou contraventions prévus dans les titres Ier et III de la présente loi pourront être constatés par des procès-verbaux dressés concurremment par les officiers de police judiciaire, les ingénieurs des ponts et chaussées et des mines, les conducteurs, garde-mines, agents de surveillance et gardes nommés ou agréés par l'Administration et dûment assermentés.

Les procès-verbaux des délits et contraventions feront foi, jusqu'à preuve contraire.

Au moyen du serment prêté devant le Tribunal de première instance de leur domicile, les agents de surveillance de l'Administration et des concessionnaires ou fermiers pourront verbaliser sur toute la ligne du chemin de fer auquel ils seront attachés.

ART. 24.

Les procès-verbaux dressés en vertu de l'article précédent seront visés pour timbre et enregistrés en débet.

Ceux qui auront été dressés par des agents de surveillance et gardes assermentés devront être affirmés dans les trois jours, à peine de nullité, devant le juge de paix ou le maire, soit du lieu du délit ou de la contravention, soit de la résidence de l'agent.

Art. 25.

Toute attaque, toute résistance avec violence et voies de fait envers les agents des chemins de fer dans l'exercice de leurs fonctions, sera punie des peines appliquées à la rébellion, suivant les distinctions faites par le Code pénal.

Art. 26.

L'article 463 du Code pénal est applicable aux condamnations qui seront prononcées en exécution de la présente loi.

Art. 27.

En cas de conviction de plusieurs crimes ou délits prévus par la présente loi ou par le Code pénal, la peine la plus forte sera seule prononcée.

Les peines encourues pour des faits postérieurs à la poursuite pourront être cumulées, sans préjudice des peines de la récidive.

DÉCRET

du 11 Novembre 1917

PORTANT

REGLEMENT D'ADMINISTRATION PUBLIQUE

SUR

LA POLICE, LA SURETÉ ET L'EXPLOITATION

des Voies ferrées d'Intérêt général et d'Intérêt local

Le Président de la République française,

Sur le rapport du Ministre des Travaux publics et des Transports,

Vu la loi du 15 juillet 1845 sur la police des chemins de fer, et notamment l'article 21, § 1er, ainsi conçu :

« Toute contravention aux ordonnances royales portant règlement d'administration publique sur la police, la sûreté et l'exploitation des chemins de fer et aux arrêtés pris par les Préfets, sous l'approbation du Ministre des Travaux publics, pour l'exécution desdites ordonnances, sera punie d'une amende de 16 à 3.000 francs » ;

Vu l'ordonnance du 15 novembre 1846, modifiée par décret du 1er mars 1901, portant règlement d'administration publique sur la police, la sûreté et l'exploitation des chemins de fer ;

Vu la loi du 31 juillet 1913 sur les voies ferrées d'intérêt local, et notament l'article 43, §§ 1er et 2e, et l'article 47, 3°, 4° et 6°, ainsi conçus :

« Art. 43. — La loi du 15 juillet 1845 est applicable aux voies ferrées d'intérêt local, à l'exception de l'article 4 pour les parties de ces voies établies sur plateforme indépendante, et des articles 3, 5, 6, 7, 8, 9 et 10 pour les parties empruntant des voies publiques.

« Toutefois, pour des raisons de sécurité publique, le Préfet peut imposer l'obligation de poser des clôtures sur tout ou partie de la voie ferrée ; il peut également exiger de poser des barrières au croisement des chemins fréquentés.

.. ..

« Art. 47. — Des règlements d'administration publique déterminent :

.. ..

« 3° Les conditions spéciales auxquelles doivent satisfaire, tant pour leur construction que pour l'exploitation, les voies ferrées établies sur les voies publiques ;

« 4° Les rapports entre les services de ces voies et les autres services intéressés ;

.. ..

« 6° Et d'une manière générale toutes les dispositions nécessaires à l'exécution de la présente loi » ;

Vu le décret du 16 juillet 1907, portant règlement d'administration publique pour l'exécution de l'article 38 de la loi du 11 juin 1880 ;

Le Conseil d'Etat entendu,

Décrète :

TITRE PREMIER

DISPOSITIONS GÉNÉRALES

Article premier

Les dispositions du présent décret sont applicables à toutes les voies ferrées d'intérêt général ou d'intérêt local, sous réserve des restrictions mentionnées en tête des articles qui ne sont pas applicables à certaines catégories de voies.

Sur les lignes où il est fait usage de l'énergie électrique pour la traction des trains, le Ministre des Travaux publics et des Transports peut autoriser les dérogations aux dispositions ci-après, qui sont justifiées par ce mode spécial de traction.

Art. 2.

Pour l'application du présent décret aux voies ferrées d'intérêt local, les attributions conférées au Ministre des Travaux publics et des Transports par les articles qui ne concernent pas uniquement ces voies sont exercées par le Préfet, statuant sur le rapport du Service du contrôle, si elles ne sont pas réservées soit au Ministre, soit à d'autres autorités, par les lois et règlements spéciaux.

Art. 3.

Sont considérés comme tramways urbains, pour l'application des dispositions ci-après, les voies ferrées d'intérêt local établies sur des voies publiques, dans les agglomérations et dans leur banlieue, et affectées seulement au service des voyageurs et éventuellement des messageries.

L'utilisation des voies de certaines lignes, à titre accessoire, pour des services de marchandises limités et n'ayant lieu qu'à certains moments déterminés, ne met pas obstacle à ce que le régime des tramways urbains soit appliqué à ces lignes.

Lorsqu'une voie ferrée d'intérêt local doit être soumise au régime des tramways urbains, l'acte qui autorise son établissement le spécifie.

En ce qui concerne ;

1° Les voies ferrées d'intérêt local concédées comme tramways sous le régime de la loi du 11 juin 1880 ;

2° Les voies ferrées d'intérêt local empruntant des voies publiques qui ont été concédées postérieurement à la promulgation de la loi du 31 juillet 1913 et antérieurement à la publication du présent décret et qui sont soumises, en vertu d'une disposition spéciale de l'acte autorisant leur établissement, au décret du 16 juillet 1907, un décret rendu en Conseil d'Etat, les Compagnies entendues, déterminera celles de ces lignes auxquelles le régime des tramways urbains sera applicable.

Art. 4.

Des décrets spéciaux détermineront les règles applicables aux voies ferrées établies sur les quais des ports maritimes ou fluviaux.

Ces voies restent soumises aux règlements actuellement en vigueur jusqu'à la publication desdits décrets.

ART. 5.

En ce qui concerne les voies ferrées exploitées directement par l'Etat, les départements, les communes ou les Syndicats de communes, l'Administration exploitante est soumise aux obligations et est investie des droits résultant pour les Compagnies du présent règlement.

TITRE II

DES GARES ET DE LA VOIE

ART. 6.

Les mesures de police destinées à assurer le bon ordre dans les parties des gares et de leurs dépendances accessibles au public sont réglées par des arrêtés du Préfet du département.

Cette disposition s'applique notamment à l'entrée, au stationnement et à la circulation des voitures publiques ou particulières, destinées soit au transport des personnes, soit au transport des marchandises, dans les cours dépendant des gares de chemins de fer.

Les arrêtés ainsi pris par les Préfets ne sont exécutoires qu'en vertu de l'approbation du Ministre des Travaux publics et des Transports.

Art. 7.

(*Applicable seulement aux sections de voies ferrées d'intérêt local établies sur les voies publiques*).

La Compagnie n'est admise à réclamer aucune indemnité :

Ni à raison des dommages que le roulage ordinaire pourrait occasionner aux ouvrages de la voie ferrée ;

Ni à raison de l'état de la chaussée et des conséquences qui pourraient en résulter pour l'état et pour l'entretien de la voie ;

Ni, enfin, pour une cause quelconque résultant de l'usage normal et des nécessités de l'entretien et de l'aménagement de la voie publique.

Les indemnités dues à des tiers, pour les dommages qui résulteraient de la construction ou de l'exploitation de la voie ferrée, sont entièrement à la charge de la Compagnie.

Art. 8.

(*Applicable seulement aux sections des voies ferrées d'intérêt local, établies sur les voies publiques*).

Lorsque des travaux exécutés sur une voie publique empruntée par une voie ferrée d'intérêt local doivent interrompre momentanément la circulation sur celle-ci, l'autorité de qui relève la voie empruntée doit en aviser préalablement l'autorité concédante et la Compagnie.

L'autorité concédante peut mettre la Compagnie en demeure de maintenir provisoirement les communications en déplaçant momentanément ses voies, après accomplissement des formalités légales, s'il y a lieu et moyennant une indemnité qui lui est due à moins de convention contraire.

Si les travaux d'où résulterait l'interruption sont exécutés dans l'intérêt de la circulation sur la voie empruntée, la mise en demeure est prononcée et l'indemnité est due par l'autorité ayant concédé la voie ferrée.

Si les travaux sont exécutés dans un intérêt autre que celui de la circulation sur la voie empruntée, la mise en demeure ne peut être adressée à la Compagnie par l'autorité concédante qu'à la suite d'un accord établi entre celle-ci et le service dans l'intérêt duquel les travaux sont exécutés ; cet accord doit porter tant sur la nécessité du rétablissement provisoire des communications par voie ferrée que sur l'importance relative de la participation des divers services intéressés au paiement de l'indemnité. A défaut d'accord, le rétablissement provisoire ne peut être prescrit qu'en vertu d'une autorisation qui est donnée par le Ministre à l'autorité concédante et qui fixe la part que cette autorité doit prendre à sa charge dans les indemnités dont le montant serait ultérieurement déterminé et dont le surplus resterait à la charge des services intéressés aux travaux.

Art. 9.

(*Applicable seulement aux sections des voies ferrées d'intérêt local établies sur les voies publiques*).

La modification ou la suppression définitive d'une

partie des voies ferrées établies sur une voie publique peut être prononcée, à la requête de l'autorité chargée de l'administration de la voie, dans les formes prescrites par le paragraphe 4 de l'article 36 de la loi du 31 juillet 1913, et sous réserve de la détermination, dans les formes prévues par l'article 38 de ladite loi, des indemnités dues par cette autorité, à moins de convention contraire, soit à la Compagnie, soit à l'autorité concédante, suivant les cas.

Ne peut donner lieu à aucune indemnité, en dehors des cas prévus à l'article 8 ci-dessus, le déplacement définitif des voies ferrées, exécuté aux frais du service chargé de l'administration de la voie publique, comme conséquence nécessaire de travaux exécutés pour l'entretien ou l'amélioration de cette voie.

Art. 10.

Si l'établissement de contre-rails est jugé nécessaire dans l'intérêt de la sûreté publique, la Compagnie est tenue d'en placer sur les points qui sont désignés par le Ministre des Travaux publics et des Transports.

Art. 11.

(*Applicable seulement aux sections des voies ferrées d'intérêt local établies sur les voies publiques*).

L'autorité concédante détermine les sections de la ligne où la voie doit être établie au niveau de la chaussée, avec rails noyés, en restant accessible et praticable pour les voitures ordinaires, et celles où elle doit être placée sur un accotement praticable pour les piétons, mais interdit aux voitures ordinaires.

Le cahier des charges détermine les largeurs qui doivent être réservées pour la libre circulation sur la voie publique, de telle façon que le croisement de deux voitures soit toujours assuré, l'une de ces deux voitures pouvant être le véhicule de la voie ferrée dans le premier des deux cas spécifiés au paragraphe précédent.

Les dispositions prescrites doivent d'ailleurs assurer, dans tous les cas, la sécurité des piétons qui circulent sur la voie publique et celle des riverains occupant les bâtiments en façade sur cette voie.

Si l'emplacement occupé par la voie ferrée reste accessible et praticable pour les voitures ordinaires, les rails doivent être à gorge ou accompagnés de contre-rails ; la largeur des vides ou ornières ne peut excéder trente-cinq millimètres (0 m. 035) dans les parties droites et quarante et un millimètres (0 m. 041) dans les parties courbes. Les voies ferrées sont posées au niveau de la chaussée, sans saillie ni dépression sur le profil normal de celle-ci.

Toutefois, l'autorité concédante, d'accord avec celle de qui relève la voie empruntée, et quand les nécessités de la circulation n'y font pas obstacle, peut dispenser la Compagnie, à titre révocable, de poser des rails à gorge ou des contre-rails sur tout ou partie des voies publiques dont le sol est emprunté par la voie ferrée.

Art. 12.

Le chemin de fer et les ouvrages qui en dépendent

sont constamment entretenus en bon état. La Compagnie doit faire connaître au Ministre des Travaux publics et des Transports, dans la forme que celui-ci juge convenable, les mesures qu'elle a prises pour cet entretien.

Les voies et autres installations des gares doivent être convenablement disposées pour la sûreté des manœuvres et de la circulation des trains.

Dans le cas où les mesures prises sont insuffisantes pour assurer le bon entretien du chemin de fer, la sûreté de la circulation et la sécurité publique, le Ministre, après avoir entendu la Compagnie, prescrit celles qu'il juge nécessaires.

Dans le cas où, par suite de l'insuffisance des installations, le service ne serait pas régulièrement assuré, il serait procédé conformément aux dispositions de l'article 86 ou de l'article 87, suivant les cas.

Art. 13.

(*Applicable seulement aux sections des voies ferrées d'intérêt local établies sur les voies publiques*).

Sur les sections à rails noyés où l'emplacement de la voie ferrée est accessible aux voitures ordinaires, l'entretien du pavage ou de l'empierrement de la surface affectée à la circulation sur la voie ferrée est réglé, pour chaque concession, par le cahier des charges, qui indique le service chargé d'exécuter cet entretien ainsi que la répartition des dépenses. Sur les voies empruntées ne relevant pas de l'autorité concédante, l'entretien est assuré par la Compagnie dans l'entre-rails, ainsi que dans une zone de cinquante centimètres (0 m. 50) de chaque côté des rails, à moins qu'il n'en ait été décidé autrement dans le cahier des charges, après accord avec l'autorité de qui relèvent ces voies.

Sur les sections où l'emplacement de la voie ferrée n'est pas accessible aux voitures ordinaires, l'entretien qui est à la charge de la Compagnie comprend la surface entière occupée par les voies, augmentée, s'il y a lieu, d'une zone déterminée par le cahier des charges.

Si la voie ferrée et les parties de la voie publique dont l'entretien est confié à la Compagnie ne sont pas constamment entretenues en bon état, il y est pourvu d'office à la diligence du Préfet et aux frais de la Compagnie, sans préjudice, s'il y a lieu, de la mise en déchéance.

Le montant des avances faites est recouvré au moyen d'états que le Préfet rend exécutoires.

Art. 14.

(Non applicable aux tramways urbains)

Il est placé, partout où besoin sera, des agents en nombre suffisant pour assurer la surveillance et la manœuvre des signaux, aiguilles et autres appareils de la voie.

En cas d'insuffisance, le nombre de ces agents est fixé, la Compagnie entendue, par le Ministre des Travaux publics et des Transports, qui peut prescrire que ceux de ces agents dont le service intéressant la sécurité aurait une importance particulière ne soient employés à aucun autre travail.

Art. 15.

Partout où un chemin de fer d'intérêt général est traversé à niveau par une voie de terre, il est établi des barrières, sauf les exceptions autorisées par le Ministre des Travaux publics et des Transports, conformément aux lois.

Le mode, la garde et les conditions de service des barrières sont réglés par le Ministre, sur la proposition de la Compagnie.

Il en est de même lorsque la pose de barrières aux passages à niveau établis sur une voie ferrée d'intérêt local est prescrite, la Compagnie entendue, par application du deuxième paragraphe de l'article 43 de la loi du 31 juillet 1913.

Lorsque le Ministre autorise la traversée à niveau de deux voies ferrées, il arrête, après avoir entendu les deux Compagnies, les dispositions techniques à prendre pour l'établissement et l'exploitation de ces voies dans la traversée. Il prescrit de même toutes les mesures nécessaires pour assurer la sécurité aux points de bifurcation.

Lorsqu'une voie ferrée est établie sur une voie publique, la Compagnie est tenue de prendre à ses frais, partout où la nécessité en a été reconnue par le Ministre, après avis du service du contrôle et eu égard au mode d'exploitation employé, les mesures nécessaires pour assurer la liberté et la sécurité du passage des voitures et des trains sur la voie ferrée, ainsi que celle de la circulation ordinaire sur toute voie publique suivie ou traversée par cette voie ferrée.

Art. 16.

(Non applicable aux tramways urbains)

Les gares et leurs abords sont éclairés la nuit pendant la durée du service.

Le Ministre des Travaux publics et des Transports fixe, la Compagnie entendue, les conditions dans lesquelles les passages à niveau et les tunnels, s'il y a lieu, doivent être éclairés.

Art. 17.

(Applicable seulement aux tramways urbains)

Les gares, stations, haltes et bureaux d'attente auxquels est attaché un personnel permanent sont éclairés la nuit pendant la durée du service.

Le Préfet, statuant sur le rapport du service du contrôle, la Compagnie entendue, peut prescrire l'éclairage, pendant la même durée, des abris et bureaux d'attente auxquels n'est attaché aucun personnel permanent, lorsque des circonstances spéciales l'exigent.

TITRE III

DU MATÉRIEL EMPLOYÉ A L'EXPLOITATION

Art. 18.

Les locomotives, les tenders et les véhicules de toute espèce entrant dans la composition des trains doivent être construits, après autorisation du Ministre des Travaux publics et des Transports, suivant les meilleurs modèles, avec des matériaux de première qualité. La Compagnie doit produire, à l'appui de sa demande en autorisation, les plans, dessins et tous les documents indiqués par le Ministre.

Le Ministre détermine les conditions auxquelles le matériel n'appartenant pas à la Compagnie exploitante peut être admis à circuler sur le réseau de cette Compagnie.

Art. 19.

Les locomotives, tenders ou véhicules de toute espèce entrant dans la composition des trains doivent remplir les conditions que le Ministre juge nécessaires pour assurer la sécurité des voyageurs et des agents pendant la circulation des trains et pendant leur formation.

Art. 20.

Il est tenu des états de service pour toutes les locomotives. Ces états sont inscrits sur des registres qui doivent être constamment à jour et indiquer, pour chaque machine, la date de sa mise en service, le travail qu'elle a accompli, les réparations ou modifications qu'elle a reçues et le renouvellement de ses diverses pièces.

Il est tenu, en outre, pour les essieux de locomotives et tenders, des registres spéciaux sur lesquels, à côté du numéro d'ordre de chaque essieu, sont inscrits sa provenance, la date de sa mise en service, l'épreuve qu'il peut avoir subie, son travail, ses accidents et ses réparations.

Les registres mentionnés aux deux paragraphes ci-dessus sont présentés, à toute réquisition, aux ingénieurs et agents chargés de la surveillance du matériel et de l'exploitation.

Les essieux des véhicules de toute espèce portent une marque au poinçon faisant connaître la provenance et la date de la fourniture.

Art. 21.

Les locomotives ne peuvent être mises en service qu'en vertu de l'autorisation délivrée par le service du contrôle et après avoir été soumises à toutes les épreuves prescrites par les règlements en vigueur.

Art. 22.

Les locomotives doivent être pourvues, sauf exception autorisée par le Ministre des Travaux publics et des Transports, d'appareils ayant pour objet d'arrêter les fragments de combustible tombant de la grille et d'empêcher la sortie des flammèches par la cheminée, ainsi que de diminuer la production de fumées incommodes pour les voyageurs ou pour le voisinage.

Art. 23.

Les voitures destinées au transport des voyageurs doivent être commodes et présenter les dispositions que le Ministre juge nécessaires pour assurer la sécurité des voyageurs.

Le Ministre détermine, la Compagnie entendue, les dimensions minima de la place affectée à chaque voyageur.

Toute voiture porte, à l'intérieur, l'indication, en chiffres apparents, du nombre des places pour voyageurs debout et pour voyageurs assis.

Les accès des voitures autres que les remorques ouvertes sont pourvus de dispositifs de fermeture dont la manœuvre doit toujours être simple.

Il est tenu, pour les réservoirs à gaz ou à vapeur sous pression installés sur les voitures en vue de la production de la force motrice, des registres spéciaux sur lesquels sont inscrits, à côté du numéro d'ordre de chaque voiture, la provenance de chaque réservoir, la date de sa mise en service, les épreuves initiales et les essais ultérieurs qu'il a subis, ses accidents et ses réparations. Ces registres sont présentés, à toute réquisition, aux agents du contrôle.

Art. 24.

Aucune voiture pour les voyageurs ne peut être mise en service sans une autorisation délivrée par le service du contrôle, après qu'il a été constaté que la voiture satisfait aux conditions de l'article précédent.

L'autorisation de mise en service n'a d'effet qu'après que l'estampille prescrite pour les voitures publiques par l'article 117 de la loi du 25 mars 1817 a été délivrée par le Directeur des Contributions indirectes.

Art. 25.

Les locomotives, les tenders et les véhicules de toute espèce doivent porter :

1° La désignation, en toutes lettres ou par initiales, du chemin de fer auquel ils appartiennent ;

2° Un numéro d'ordre.

Les voitures de voyageurs portent, en outre, l'indication de la classe de chaque compartiment et l'estampille délivrée par l'Administration des Contributions indirectes. Ces diverses indications sont placées d'une manière apparente sur la caisse ou sur les côtés du châssis.

Art. 26.

Les locomotives, tenders et véhicules de toute espèce et tout le matériel d'exploitation sont constamment maintenus dans un bon état d'entretien.

La Compagnie doit faire connaître au Ministre des Travaux publics et des Transports, dans la forme que celui-ci juge convenable, les mesures adoptées par elle à cet égard ; en cas d'insuffisance, le Ministre, après avoir entendu les observations de la Compagnie, prescrit les dispositions qu'il juge nécessaires au point de vue de la sécurité ou de l'hygiène publique.

Le Ministre, la Compagnie entendue, peut faire retirer de la circulation les locomotives, tenders et autres véhicules qui ne se trouveraient pas dans les conditions suffisantes pour assurer la sécurité de l'exploitation, ou exclure d'un train déterminé les véhicules qui, pour une cause quelconque, n'offriraient pas les garanties voulues pour la sûreté de l'exploitation.

TITRE IV

DE LA COMPOSITION DES TRAINS

Art. 27.

(Non applicable aux tramways urbains)

Tout train ordinaire de voyageurs doit contenir, en nombre suffisant, des voitures de chaque classe, à moins d'une autorisation spéciale du Ministre des Travaux publics et des Transports.

Art. 28.

En dehors des cas prévus à l'article 29 ci-après, chaque train de voyageurs, de marchandises ou mixte doit être accompagné :

1° D'un mécanicien et d'un chauffeur par machine; le chauffeur doit être capable d'arrêter la machine, de l'alimenter et de manœuvrer les freins ;

2° Du nombre de conducteurs et de gardes-freins qui est déterminé, suivant le nombre de véhicules, suivant les pentes et suivant les appareils d'arrêt ou de ralentissement, par le Ministre des Travaux publics et des Transports, sur la proposition de la Compagnie.

Sur le dernier véhicule de chaque train ou sur l'un des véhicules placés à l'arrière, il y a toujours un frein et un conducteur chargé de le manœuvrer.

Lorsqu'il y a plusieurs conducteurs dans un train, l'un d'entre eux doit toujours avoir autorité sur les autres.

Le maximum du nombre de véhicules pour chaque nature de trains transportant des voyageurs est déterminé par le Ministre, sur la propositon de la Compagnie.

Art. 29.

Par dérogation à l'article précédent, l'obligation d'avoir sur la machine un mécanicien et un chauffeur n'est pas applicable aux trains légers dont la mise en marche est autorisée par le Ministre, sous la réserve que le conducteur-chef du train se tienne habituellement soit sur la machine, soit dans le premier véhicule du train, qu'il puisse dans tous les cas accéder facilement à la machine et qu'il soit en état de l'arrêter en cas de besoin.

En outre, lorsque les véhicules à voyageurs et à marchandises dont se compose un train léger sont tous munis d'un frein continu, le Ministre peut autoriser la suppression de l'obligation d'avoir, sur le dernier véhicule ou sur l'un des derniers véhicules, un conducteur spécial chargé de la manœuvre du frein.

Ne peuvent être considérés comme trains légers que ceux dont les véhicules sont portés sur seize essieux au plus, non compris les essieux de la locomotive, s'il y en a une, et de son tender, mais y compris les essieux de la voiture motrice, si l'appareil moteur est contenu dans un des véhicules portant des voyageurs ou des marchandises.

Sont considérés comme trains légers tous les trains de tramways urbains auxquels ne s'applique pas l'interdiction résultant du paragraphe précédent.

Art. 30.

Les locomotives doivent être en tête des trains. Il ne peut être dérogé à cette disposition que pour les manœuvres à exécuter dans les gares ou dans leur voisinage, pour les trains de service, et pour les cas de secours ou de renfort. Dans ces cas spéciaux, la vitesse ne doit pas dépasser les limites fixées par le Ministre des Travaux publics et des Transports.

Art. 31.

Les trains de voyageurs ne doivent être remorqués que par une seule locomotive, sauf les cas où l'emploi d'une machine de renfort deviendrait nécessaire, soit pour la montée d'une rampe de forte inclinaison, soit par suite d'une affluence extraordinaire de voyageurs, de l'état de l'atmosphère, d'un accident ou d'un retard exigeant l'emploi de secours, ou de tout autre cas préalablement déterminé par le Ministre.

Dans tous les cas autres que les cas de secours, il est interdit d'atteler simultanément plus de deux locomotives à un train de voyageurs.

La machine placée en tête doit régler la marche du train.

Dans tous les cas où il est attelé plus d'une locomotive à un train, mention en est faite sur un registre à ce destiné, avec indication du motif de la mesure, de la gare où elle a été jugée nécessaire et de l'heure à laquelle le train a quitté cette gare. Ce registre est présenté, à toute réquisition, aux fonctionnaires et agents du contrôle.

Il doit toujours y avoir en tête de chaque train,

entre le tender et la première voiture de voyageurs, au moins un véhicule ne portant pas de voyageurs ; cette obligation ne s'applique ni aux trains légers, ni aux trains de secours, ni aux trains de composition spéciale qui en ont été dispensés par le Ministre, ni aux trains des tramways urbains.

Art. 32.

Les dispositions de l'article précédent ne s'appliquent pas aux trains comportant des voitures automotrices. La composition de ces trains est approuvée par le Ministre, sur la proposition de la Compagnie et l'avis du service du contrôle.

Art. 33.

Le Ministre des Travaux publics et des Transports, la Compagnie entendue, arrête les règles à suivre pour le transport des matières dangereuses (explosibles, inflammables, vénéneuses, etc.) et des matières infectes ; il détermine notamment les cas dans lesquels le transport de ces marchandises dans un train de voyageurs est interdit.

Art. 34.

Le Ministre détermine, la Compagnie entendue, les précautions à prendre dans la formation des trains pour éviter, soit au départ ou à l'arrivée, soit pendant la marche, toute réaction dangereuse ou incommode entre les divers véhicules.

Art. 35.

(*Non applicable aux tramways urbains*)

Le conducteur de tête et, sauf les exceptions autorisées par le Ministre, les gardes-freins sont mis en communication avec le mécanicien pour donner, en cas d'accident, le signal d'alarme par tel moyen qui est autorisé par le Ministre, sur la proposition de la Compagnie.

Sauf les exceptions autorisées par le Ministre, les compartiments des voitures à voyageurs sont tous mis en communication avec le mécanicien ou le conducteur chef de train par un signal d'alarme en bon état de fonctionnement.

Art. 36.

(*Applicable seulement aux tramways urbains*).

Le receveur ou employé de service sur chaque voiture doit se trouver en communication avec le mécanicien de chaque véhicule automoteur au moyen d'un signal d'arrêt approuvé par le Préfet, sur la proposition de la Compagnie et l'avis du service du contrôle.

A défaut de receveur ou d'employé dans la voiture, un signal d'arrêt doit être à la disposition des voyageurs.

Art. 37.

(*Non applicable aux tramways urbains*)

Pendant la nuit et, pendant le jour au passage des souterrains désignés par le Ministre des Travaux publics et des Transports, les fanaux des trains doivent être allumés et les voitures destinées aux voyageurs doivent être éclairées intérieurement.

Ces voitures doivent être chauffées pendant la

saison froide dans les conditions approuvées par le Ministre.

En cas d'insuffisance des mesures adoptées par la Compagnie en ce qui concerne l'éclairage ou le chauffage des trains et voitures, le Ministre prescrit, la Compagnie entendue, les dispositions qu'il juge nécessaires.

Tout train transportant des voyageurs est muni, sauf exception autorisée par le Ministre, d'une boîte de secours dont la composition est approuvée par le Ministre.

Art. 38.

(Applicable seulement aux tramways urbains)

Les voitures destinées aux voyageurs doivent être éclairées intérieurement ; l'étage supérieur doit l'être également, lorsqu'il est couvert et abrité, si le Préfet le requiert.

Ces voitures doivent être chauffées, si le Préfet le requiert, pendant la période fixée par lui, sur la proposition du service du contrôle, la Compagnie entendue, sauf stipulation contraire du cahier de charges.

TITRE V

DU DÉPART, DE LA CIRCULATION ET DE L'ARRIVÉE DES TRAINS

Art. 39.

(Non applicable aux tramways urbains)

Le Ministre des Travaux publics et des Transports

détermine, sur la proposition de la Compagnie, pour les lignes à plusieurs voies, celles de ces voies qui sont affectées à la circulation de chaque sens, et, pour les lignes à une voie, les points de croisement.

Il ne peut être dérogé sous aucun prétexte aux dispositions qui ont été prescrites par le Ministre, si ce n'est dans le cas où la voie est interceptée et, dans ces cas, le changement doit être fait avec les précautions spéciales qui sont indiquées par les règlements de la Compagnie dûment homologués.

Art. 40.

(Non applicable aux tramways urbains)

Avant le départ du train, le mécanicien s'assure si toutes les parties de la locomotive et du tender sont en bon état.

En ce qui concerne les voitures et leurs freins, la même vérification est faite dans les conditions déterminées par le règlement homologué de la Compagnie.

Le train ne doit être mis en marche qu'après le signal du départ.

Les portières extérieures ouvertes du côté où se fait le service du train doivent être fermées au moment de la mise en marche.

Art. 41.

(Applicable seulement aux tramways urbains)

Au commencement de chaque reprise du service, le mécanicien doit s'assurer du bon fonctionnement des divers organes de la machine, notamment du mécanisme de mise en marche et des freins.

Le train ne doit être mis en marche qu'après le signal de départ.

Le Préfet, statuant sur la proposition du service du contrôle, la Compagnie entendue, détermine, s'il y a lieu, les conditions dans lesquelles les portières extérieures doivent être fermées et les chaînes de fermeture attachées au moment de la mise en marche.

Art. 42.

(Non applicable aux tramways urbains)

Aucun train ne peut partir d'une gare ni y arriver avant l'heure déterminée par l'horaire de la marche des trains.

Toutefois, pour l'arrivée, une tolérance peut être accordée par le Ministre.

Les mesures propres à maintenir, entre les trains qui se suivent, l'intervalle de temps ou d'espace nécessaire pour assurer la sécurité de la circulation sont déterminées par le Ministre, la Compagnie entendue.

Des signaux sont placés à l'entrée des gares, dans les gares et sur la voie, partout où cela est jugé utile pour faire connaître aux mécaniciens s'ils doivent arrêter ou ralentir leur marche.

En cas d'insuffisance des signaux établis par la Compagnie, le Ministre prescrit, la Compagnie entendue, l'établissement de ceux qu'il jugera nécessaire.

Art. 43.

(Non applicable aux tramways urbains)

Sauf le cas de force majeure ou de réparation de la

voie, les trains ne peuvent s'arrêter qu'aux gares ou aux lieux de stationnement autorisés.

Les voies affectées à la circulation des trains doivent être couvertes par des signaux, ainsi qu'il est dit à l'article 49 ci-après, dans les cas où il y a nécessité absolue d'y faire stationner momentanément des machines, des voitures ou des wagons.

ART. 44.

(Applicable seulement aux sections des voies ferrées d'intérêt local établies sur les voies publiques)

Le Préfet peut autoriser, sur la demande de la Compagnie et sur la proposition du service du contrôle, l'arrêt de certains trains pour prendre ou laisser des voyageurs ou des marchandises sur des points de la voie ferrée situés en dehors des gares, stations ou haltes. La durée de l'arrêt est fixée par l'horaire.

Le Préfet détermine les dispositions à prendre pour faire connaître au public les points où des arrêts en pleine voie sont ainsi autorisés.

L'autorisation ne peut être donnée qu'à titre précaire et révocable, si ce service n'est pas prévu par le cahier des charges.

Sauf dans le cas prévu ci-dessus, les trains et les machines ne peuvent stationner en dehors des gares que pendant le délai strictement nécessaire pour les besoins du service. Les machines ou les voitures isolées ne peuvent être garées sur les voies affectées à la circulation des trains.

Art. 45.

(*Non applicable aux tramways urbains*)

Le Ministre des Travaux publics et des Transports détermine, sur la proposition de la Compagnie, les mesures spéciales de précaution relatives à la circulation des trains sur les parties du chemin de fer qui offriraient un danger particulier.

Il détermine également, sur la proposition de la Compagnie, la vitesse maximum que les trains de toute nature peuvent prendre sur les diverses parties de chaque ligne.

Art. 46.

(*Applicable seulement aux sections des voies ferrées d'intérêt local établies sur les voies publiques*)

Le maximum de la longueur des trains est fixé par le cahier des charges.

La machine et le tender doivent être munis d'un frein pouvant être manœuvré à la main. L'ensemble de leurs moyens de freinage doit être assez puissant pour que, lancés à une vitesse de vingt kilomètres (20 kilom.) à l'heure sur des rails secs et propres et sur une voie en palier, ces véhicules puissent être arrêtés sur un espace de vingt mètres (20 m.) au plus, à partir du moment où le serrage a été ordonné.

Une sablière ou tout autre dispositif agréé par le Préfet, sur la proposition de la Compagnie et l'avis du service du contrôle, pour augmenter en cas de besoin l'adhérence des roues motrices sur les rails, doit être à la disposition du mécanicien et constamment entretenu en bon état de fonctionnement.

L'ensemble des moyens de freinage de chaque train doit être assez puissant pour permettre l'arrêt dans les conditions prescrites pour les machines isolées au deuxième paragraphe du présent article.

Le Préfet, après avis du service du contrôle et la Compagnie entendue, peut imposer les conditions spéciales de freinage qui sont reconnues nécessaires, dans l'intérêt de la sécurité, soit pour les trains de voyageurs, soit pour les trains de marchandises. Il peut notamment prescrire l'emploi de freins continus ou automatiques.

Sur les tramways urbains, chaque voiture sans exception est munie de freins.

Art. 47.

(*Non applicable aux tramways urbains*)

Le Ministre des Travaux publics et des Transports prescrit, sur la proposition de la Compagnie, les mesures spéciales de précaution à prendre pour l'expédition et la marche des trains extraordinaires.

Dès que l'expédition d'un train extraordinaire a été décidée, déclaration doit être faite immédiatement aux agents du contrôle et aux fonctionnaires désignés par le Ministre, avec indication du motif de l'expédition du train et de son horaire.

Art. 48.

(*Non applicable aux tramways urbains*)

Des agents chargés de l'entretien et de la surveillance de la voie sont placés sur la ligne en nombre suffisant pour assurer la libre circulation des trains.

Ces agents sont pourvus, le jour et la nuit, de signaux d'arrêt et de ralentissement.

Des agents sont en outre placés à des endroits déterminés pour la manœuvre des signaux fixes et, s'il y a lieu, pour l'annonce des trains de proche en proche.

En cas d'insuffisance, le Ministre des Travaux publics et des Transports règle le nombre des agents de ces diverses catégories, la Compagnie entendue.

Art. 49.

(*Non applicable aux tramways urbains*)

Dans le cas où soit un train, soit une machine isolée s'arrête accidentellement sur la voie, des signaux de protection sont faits dans les conditions déterminées par les règlements de la Compagnie dûment homologués.

Les mécaniciens, les conducteurs-chefs et les conducteurs doivent être munis, pendant leur service, des signaux indiqués par ces règlements.

Des précautions spéciales sont prises pour garantir la sécurité des trains dans le cas où il deviendrait impossible de maintenir leur vitesse normale.

Art. 50.

(*Applicable seulement aux sections des voies ferrées d'intérêt local établies sur les voies publiques*)

Toute voiture isolée ou tout train porte extérieurement deux fanaux à réflecteurs, l'un à l'avant, l'autre à l'arrière ; celui d'avant est à feu blanc et assez puissant pour éclairer une zone de vingt mètres dans des conditions atmosphériques ordinaires ; celui d'arrière est à feu rouge.

Les fanaux doivent être allumés depuis la chute du jour jusqu'à la cessation du service et depuis la reprise du service jusqu'au lever du jour.

Ils doivent être également allumés pendant le jour en cas de brouillard, et, d'une manière générale, dans toutes les circonstances où la voiture ne serait pas suffisamment visible.

Art. 51.

Lorsque les travaux de réparation effectués sur une voie sont de nature à en altérer momentanément la stabilité, ils doivent être protégés par des signaux d'arrêt ou de ralentissement.

Art. 52.

(Non applicable aux tramways urbains)

Lorsque, par suite d'un accident, de réparation ou de toute autre cause, la circulation doit s'effectuer momentanément sur une seule voie, il doit être placé un garde auprès des aiguilles de chacun des changements de voie extrêmes.

Les gardes ne laissent les trains s'engager dans la voie unique réservée à la circulation que dans les conditions prescrites par les règlements homologués, ou les ordres de service de la Compagnie.

Il est donné connaissance au service du contrôle des mesures prises pour assurer la circulation sur la voie unique.

Art. 53.

(Non applicable aux tramways urbains)

La Compagnie est tenue de faire connaître au Ministre des Travaux publics et des Transports le système de signaux qu'elle a adopté ou qu'elle se propose d'adopter, pour les cas prévus par le présent titre. Le Ministre prescrit les modifications qu'il juge nécessaires.

Art. 54.

Le mécanicien doit porter constamment son attention sur l'état de la voie, arrêter ou ralentir la marche en cas d'obstacles, suivant les circonstances, se conformer aux signaux qui lui sont transmis et signaler au premier arrêt les anomalies qu'il a remarquées; il surveille toutes les parties de la machine, la tension de la vapeur et le niveau d'eau de la chaudière. Il veille à ce que rien n'embarrasse la manœuvre des freins dont il a la disposition.

Lorsqu'une machine ou un train circule sur une voie ferrée empruntant une voie publique, le mécanicien signale l'approche du train au moyen d'un appareil sonore, du type déterminé par le Ministre des Travaux publics et des Transports.

Les machines circulant sur les voies ferrées occupant des voies publiques ne doivent répandre sur celles-ci ni escarbilles, ni cendres, ni eau, ni huile, ni graisse.

Il est expressément interdit d'effectuer le nettoyage des grilles sur la voie publique.

Art. 55.

(Non applicable aux tramways urbains)

Les mesures de précaution à observer par le mécanicien aux approches et au passage des bifurcations, embranchements ou traversées de voies sont fixées par des règlements approuvés par le Ministre.

Aux points de bifurcation, des signaux doivent indiquer le sens dans lequel les aiguilles sont placées.

A l'approche des gares où le train doit s'arrêter, le mécanicien prend les dispositions convenables pour qu'il ne dépasse pas le point où les voyageurs doivent descendre.

Art. 56.

(Non applicable aux tramways urbains)

Avant la mise en marche, à l'approche des gares, des passages à niveau en courbe, ainsi que des autres passages à niveau et bifurcations désignés par le Ministre des Travaux publics et des Transports, à l'entrée et à la sortie des tranchées en courbe et des souterrains, le mécanicien doit faire jouer le sifflet pour avertir de l'approche du train.

Il se sert également du sifflet comme moyen d'avertissement, toutes les fois que la voie ne lui paraît pas complètement libre.

Le sifflet peut être remplacé par un autre signal acoustique approuvé par le Ministre.

Art. 57.

Aucune personne autre que le mécanicien et le

chauffeur ne peut monter sur la locomotive ou sur le tender, à moins d'une permission spéciale et écrite du directeur du chemin de fer ou de son délégué.

Sont exceptés de cette interdiction les ingénieurs des Ponts et Chaussées et les ingénieurs des Mines chargés du contrôle et les agents du contrôle technique. Les commissaires du contrôle de l'Etat peuvent également monter sur la locomotive ou le tender, en remettant au chef de la gare ou au conducteur principal du train une réquisition écrite et motivée.

Les dispositions ci-dessus ne sont applicables qu'à la plate-forme occupée par le mécanicien, pour les voitures motrices à vapeur portant des voyageurs ou des marchandises.

Des arrêtés ministériels rendus, la Compagnie entendue, déterminent les conditions dans lesquelles ces dispositions sont applicables aux voitures automotrices autres que les voitures à vapeur.

Art. 58.

Sur des points qui sont désignés par le Ministre des Travaux publics et des Transports, la Compagnie entendue, des machines de secours ou de réserve doivent être constamment entretenues prêtes à partir et en feu, si la traction est effectuée par des machines à vapeur.

Les règles relatives au service de ces machines sont déterminées par le Ministre, sur la proposition de la Compagnie.

Art. 59.

Il y a constamment, aux lieux de dépôt des machines, un wagon chargé de tous les agrès et outils nécessaires en cas d'accident.

Chaque train doit, d'ailleurs, être muni des outils les plus indispensables.

Art. 60.

Aux gares qui sont désignées par le Ministre des Travaux publics et des Transports, il est tenu des registres sur lesquels on mentionne les retards de trains excédant des limites déterminées par le Ministre. Ces registres indiquent la nature et la composition des trains, les points extrêmes de leur parcours, le numéro des locomotives qui les ont remorqués, les heures de départ et d'arrivée, les causes et la durée du retard.

Ces registres sont représentés, à toute réquisition, aux agents du contrôle.

La Compagnie est tenue de prendre les mesures nécessaires pour que tout retard excédant les limites déterminées par le Ministre soit, aussitôt que possible, porté à la connaissance du public dans les gares et stations pourvues d'un personnel permanent.

Les dispositions qui précèdent ne sont appliquées sur les voies ferrées d'intérêt local que dans la mesure où les conditions d'établissement et d'exploitation le permettent et où cette application aura été prescrite par le Préfet, la Compagnie entendue. Elles peuvent n'être appliquées que dans les cas d'interruption momentanée du service.

Art. 61.

Les horaires fixant la marche des trains ordinaires

de toute nature sont soumis par la Compagnie à l'approbation du Ministre des Travaux publics et des Transports ; à cet effet, avant leur mise en vigueur et dans les délais prescrits par le Ministre, la Compagnie les lui communique, ainsi qu'aux fonctionnaires désignés par lui et au service du contrôle.

Si, à la date annoncée pour la mise en vigueur de nouveaux horaires, le Ministre n'a pas notifié à la Compagnie son opposition, ces horaires peuvent être appliqués à titre provisoire.

A toute époque, le Ministre peut prescrire d'apporter aux horaires des trains les modifications ou additions qu'il juge nécessaires pour la sûreté de la circulation ou pour les besoins du public.

Les horaires des trains transportant des voyageurs sont portés à la connaissance du public, avant leur mise en vigueur, par des affiches placées dans les gares, dans les conditions fixées par le Ministre.

Ces affiches doivent mentionner ceux des trains contenant des voitures de toutes classes pour lesquelles la Compagnie est dispensée de faire le service des messageries.

Art. 62.

(Applicable seulement aux tramways urbains)

Le cahier des charges des tramways urbains indique si les voitures doivent s'arrêter en pleine voie pour prendre et laisser des voyageurs, soit sur tous les points du parcours, soit en des points à déterminer par le Préfet sur la proposition de la Compagnie et l'avis du service du contrôle.

Les affiches prévues au dernier alinéa de l'article 61 ci-dessus ou les livrets qui en tiennent lieu font connaître cette circonstance au public, sans indiquer les heures du passage aux arrêts en pleine voie.

Pour les trains qui se suivraient normalement, à intervalles réguliers de quinze minutes au plus, les heures du premier et du dernier départ et la durée de l'intervalle entre les trains sont seules indiquées sur ces affiches ou livrets.

Des extraits des dispositions relatives aux horaires et aux arrêts sont affichés dans les voitures, s'il y a lieu, conformément aux prescriptions édictées par le Préfet, sur la proposition du service du contrôle et la Compagnie entendue.

Le Préfet peut, sur la proposition du service du contrôle et la Compagnie entendue, fixer le maximum de la vitesse des trains sur les diverses sections de la ligne, dans les limites prévues par le cahier des charges.

TITRE VI

DE LA PERCEPTION DES TAXES ET DES FRAIS ACCESSOIRES.

Art. 63.

Aucune taxe, de quelque nature qu'elle soit, ne peut être perçue par la Compagnie qu'en vertu d'une homologation du Ministre des Travaux publics et des Transports.

Art. 64.

Pour l'exécution de l'article qui précède, la Compagnie doit dresser un tableau des prix qu'elle a l'intention de percevoir, dans la limite du maximum autorisé par le cahier des charges, pour le transport des voyageurs, des bestiaux, marchandises et objets divers, et en transmettre en même temps des expéditions au Ministre, aux Préfets des départements traversés par le chemin de fer et au service du contrôle.

ART. 65.

La Compagnie doit, en outre, dans le plus court délai et dans les formes énoncées en l'article précédent, soumettre ses propositions au Ministre pour les prix de transport non déterminés par le cahier des charges et à l'égard desquels le Ministre est appelé à statuer.

ART. 66.

Quant aux frais accessoires, tels que ceux de chargement, de déchargement et d'entrepôt dans les gares et magasins du chemin de fer, et quant à toutes les taxes qui doivent être réglées annuellement, la Compagnie en soumet le règlement à l'approbation du Ministre des Travaux publics et des Transports dans le dixième mois de chaque année.

Jusqu'à décision, les anciens tarifs continuent à être perçus.

ART. 67.

Les tableaux des taxes et des frais accessoires approuvés sont constamment affichés dans les lieux les plus apparents des gares et stations des chemins de fer.

Art. 68.

Lorsque la Compagnie veut apporter quelques changements aux prix autorisés, elle en donne l'avis au Ministre des Travaux publics et des Transports, aux Préfets des départements traversés et au service du contrôle.

Le public est en même temps informé, par des affiches, des changements soumis à l'approbation du Ministre.

A l'expiration du mois à partir de la date de l'affiche, lesdites taxes peuvent être perçues si, dans cet intervalle, le Ministre des Travaux publics les a homologuées.

Si des modifications à quelques-uns des prix affichés étaient prescrites par le Ministre, les prix modifiés devraient être affichés de nouveau et ne pourraient être mis en perception qu'un mois après la date de ces affiches.

Art. 69.

La Compagnie est tenue d'effectuer avec soin, exactitude et célérité, et sans tour de faveur, les transports des marchandises, bestiaux et objets de toute nature qui lui sont confiés.

Au fur et à mesure que des colis, des bestiaux ou des objets quelconques arrivent au chemin de fer, enregistrement en est fait immédiatement, avec mention du prix total dû pour le transport. Le transport s'effectue dans l'ordre des inscriptions, à moins de délais demandés ou consentis par l'expéditeur et qui sont mentionnés dans l'enregistrement.

Un récépissé doit être délivré à l'expéditeur s'il le demande, sans préjudice, s'il y a lieu, de la lettre de voiture. Le récépissé énonce la nature et le poids des colis, le prix total du transport et le délai dans lequel ce transport doit être effectué.

Les registres mentionnés au présent article sont présentés à toute réquisition des fonctionnaires et agents chargés de veiller à l'exécution du présent règlement.

TITRE VII

POLICE ET SURVEILLANCE

Art. 70.

La surveillance de l'exploitation des chemins de fer d'intérêt général s'exerce concurremment :

Par les ingénieurs des Ponts et Chaussées ou des Mines, les conducteurs des Ponts et Chaussées, les contrôleurs des Mines ;

Par les fonctionnaires du contrôle de l'exploitation commerciale ;

Par les commissaires du contrôle de l'Etat ;

Et par les autres agents du contrôle.

Les attributions de ces agents sont définies par les règlements d'administration publique déterminant l'organisation du service du contrôle.

Art. 71.

L'organisation du contrôle des voies ferrées d'intérêt local dans les départements est réglée par un arrêté du Préfet, rendu sur avis du Conseil général pour les concessions ou exploitations départementales, et sur avis du Conseil municipal ou du Comité du Syndicat de communes pour les concessions ou exploitations communales ou intercommunales. Cet arrêté est soumis à l'approbation du Ministre des Travaux publics et des Transports.

En ce qui concerne les lignes communales ou intercommunales, l'arrêté du Préfet détermine les conditions dans lesquelles le Maire ou le Président du Syndicat est consulté sur les propositions qui doivent donner lieu à une décision préfectorale ou ministérielle et le délai au terme duquel son silence est considéré comme un acquiescement.

Les agents du contrôle local sont nommés par le Préfet, sous l'autorité du Ministre des Travaux publics et des Transports, qui fixe par un arrêté les conditions de capacité que doivent remplir ces agents.

L'organisation du service central de contrôle des voies ferrées d'intérêt local, qui relève directement du Ministre par application de l'article 32 de la loi du 31 juillet 1913, est réglée par un arrêté ministériel.

Art. 72.

Les services du contrôle des voies ferrées d'intérêt local ont pour mission de veiller d'une manière générale à l'exécution des lois et règlements concernant ces voies ainsi que des conventions et cahiers des charges relatifs à chaque réseau, et notamment :

1° En ce qui concerne la construction et l'entretien :

De veiller à l'exécution des dispositions prescrites

par le cahier des charges et de celles qui résultent des projets approuvés ;

2° En ce qui concerne l'exploitation commerciale :

De s'assurer que la Compagnie se conforme aux dispositions des règlements et des tarifs pour la perception des taxes ainsi que pour la réception et l'enregistrement des colis, leur transport et leur remise aux destinataires ;

De veiller à l'exécution des mesures prescrites pour que le service des transports ne soit pas interrompu aux points extrêmes de lignes en communication l'une avec l'autre ;

De vérifier les conditions des traités passés par les Compagnies avec les entreprises de transport par terre ou par eau en correspondance avec la voie ferrée ;

De constater le mouvement de la circulation des voyageurs et des marchandises, les dépenses d'entretien et d'exploitation, et les recettes;

3° En ce qui concerne l'exploitation technique :

De vérifier l'état de la voie, des terrassements, des ouvrages d'art, du matériel roulant et des installations faites par la Compagnie pour la production et la transmission de l'énergie ;

De veiller à l'exécution des mesures prescrites dans l'intérêt de la sûreté de l'exploitation ;

4° En ce qui concerne la police :

De surveiller la composition, le départ, l'arrivée, la marche et le stationnement des trains, la propreté des voitures à voyageurs et des locaux affectés au public, l'entrée, le stationnement et la circulation des voitures dans les cours et stations, l'admission du public dans les gares et sur les quais de la voie ferrée ;

De veiller à l'observation, tant par le public que par la Compagnie, de ceux des règlements relatifs aux voies publiques empruntées par la voie ferrée qui intéressent le service de celle-ci.

ART. 73.

Les Compagnies sont tenues de présenter, à toute réquisition, aux directeurs des services de contrôle ou à leurs délégués, leurs registres et pièces de dépenses et de recettes, leurs circulaires et ordres de service, les traités qu'elles ont passés avec d'autres entreprises de transport et, en général, tous les documents nécessaires à l'exercice de la mission confiée aux services de contrôle.

ART. 74.

Les Compagnies sont tenues de fournir des locaux convenables pour les commissaires du contrôle de l'Etat, en ce qui concerne les chemins de fer d'intérêt général, et aux agents du service du contrôle dont la présence permanente sur la ligne serait nécessaire, en ce qui concerne les voies ferrées d'intérêt local.

ART. 75.

Toutes les fois qu'il arrive un accident sur un chemin de fer d'intérêt général, il en est fait immédiatement déclaration par la Compagnie ou par ses agents au commissaire du contrôle de l'Etat de la circonscription.

Lorsque l'accident présente une certaine gravité,

la Compagnie exploitante avise en outre, par la voie la plus rapide, le Ministre des Travaux publics et des Transports, le directeur du service de contrôle, le Préfet du département, les ingénieurs du contrôle de la voie et de l'exploitation.

S'il s'agit d'une voie ferrée d'intérêt local, la déclaration est faite au chef du service du contrôle, l'avis est envoyé au Préfet si l'accident présente une certaine gravité.

Lorsqu'il se produit un fait de nature à donner ouverture à l'action publique et, en tous cas, s'il y a mort ou blessure, cet avis doit être également transmis au Procureur de la République.

ART. 76.

Les Compagnies doivent soumettre leurs règlements relatifs au service à l'approbation du Ministre des Travaux publics et des Transports qui prescrit les modifications qu'il jugera nécessaires.

ART. 77.

Il est défendu à toute personne :

1° De modifier ou déplacer sans autorisation et de dégrader, déranger ou altérer, pour quelque cause que ce soit, la voie ferrée, les talus, clôtures, barrières, bâtiments et ouvrages d'art, les installations de production, de transport et de distribution d'énergie, ainsi que les appareils et le matériel de toute nature servant à l'exploitation ;

2° De rien jeter ou déposer sur les lignes de transport ou de distribution d'énergie ;

3° D'empêcher le fonctionnement des signaux ou

appareils quelconques et de manœuvrer sans en avoir mission ceux qui ne sont pas à la disposition du public ;

4° De troubler ou entraver, par des signaux faits en dehors du service ou de toute autre façon, la mise en marche ou la circulation des trains ;

5° De pénétrer, circuler ou stationner, sans autorisation régulière, dans les parties de l'enceinte ou des dépendances de la voie ferrée qui ne sont pas affectées à la circulation publique, d'y introduire aucuns animaux ou d'y laisser introduire ceux dont elle est responsable, d'y faire circuler ou stationner aucun véhicule étranger au service, d'y jeter ou déposer aucuns matériaux ou objets quelconques ;

6° De laisser stationner sur les parties d'une voie publique occupée par une voie ferrée des voitures ou des animaux non gardés, d'y jeter ou déposer aucuns matériaux ou objets quelconques, de faire suivre les rails de la voie ferrée par des véhicules étrangers au service.

ART. 78.

Il est interdit aux voyageurs :

1° D'entrer dans les voitures sans avoir pris un billet, lorsque la perception des taxes s'effectue dans les gares, stations ou haltes, d'occuper une place d'une classe supérieure à celle à laquelle leur billet leur donne droit ou d'effectuer un parcours supérieur à celui que comporte ce billet, sans avoir préalablement payé le supplément ;

2° De prendre une place déjà retenue régulièrement par un autre voyageur et d'occuper abusivement les places et filets avec des effets, colis ou autres objets, chaque voyageur ne pouvant disposer que de l'espace situé au-dessus ou au-dessous de la place à laquelle il a droit ;

3°. D'occuper un emplacement non destiné aux voyageurs, de se placer indûment dans les compartiments ayant une destination spéciale, d'entraver la circulation dans les couloirs ou l'accès des compartiments ;

4° De monter dans les voitures en surnombre des places indiquées en conformité de l'article 23 du présent règlement ;

5° D'ouvrir les portières après le signal du départ; d'entrer dans les voitures ou d'en sortir autrement que par les accès ménagés à cet effet et placés du côté où se fait le service du train, de monter ou de descendre ailleurs que dans les gares, stations, haltes ou aux arrêts à ce destinés et lorsque le train est complètement arrêté ;

6° De passer d'une voiture dans une autre autrement que par les passages disposés à cet effet, de se pencher au dehors et de rester debout sur les impériales pendant la marche ;

7° De fumer dans les salles d'attente ainsi que dans les compartiments fermés des voitures, exception faite des compartiments portant l'inscription « fumeurs » ;

8° De cracher ailleurs que dans les crachoirs disposés à cet effet ;

9° De se servir sans motif plausible du signal d'alarme ou d'arrêt mis à la disposition des voyageurs pour faire appel aux agents de la Compagnie ;

10° D'enlever ou de détériorer les étiquettes, pancartes ou inscriptions intéressant le service de la voie ferrée.

Lorsque la perception du prix des places doit être effectuée dans les voitures, en vertu du cahier des charges ou d'une autorisation délivrée par le Ministre des Travaux publics et des Transports sur la proposition de la Compagnie, tout voyageur est tenu de payer le prix de la place occupée par lui aussitôt que l'agent de perception se présente et, s'il ne s'est pas présenté, avant de quitter soit la voiture, soit la gare d'arrivée, suivant les cas. L'agent de perception est tenu de délivrer un billet à chaque voyageur.

Les voyageurs sont tenus d'obtempérer aux injonctions à eux adressées par les agents de la Compagnie pour assurer l'observation des dispositions contenues dans le présent règlement et pour éviter tout désordre.

Art. 79.

(Applicable seulement aux sections des voies ferrées d'intérêt local établies sur les voies publiques)

Tout piéton, cavalier, vélocipédiste, automobiliste ou conducteur de véhicule à traction animée doit, à l'approche d'une voiture ou d'un train appartenant au service de la voie ferrée, dégager immédiatement cette voie et s'en écarter de manière à livrer passage au matériel qui y circule ;

Tout conducteur de troupeaux ou d'animaux doit les écarter de la voie ferrée à l'approche d'un train ou d'une voiture appartenant au service de cette voie.

ART. 80.

Il est interdit d'admettre dans les voitures plus de voyageurs que ne le comporte le nombre de places indiqué, conformément à l'article 23.

ART. 81.

L'entrée et le séjour dans l'enceinte du chemin de fer ou dans les dépendances de la voie ferrée sont interdits à toute personne en état d'ivresse.

L'entrée des voitures est interdite à tous individus porteurs d'armes à feu chargées ou d'objets qui, par leur nature, leur volume ou leur odeur, pourraient gêner ou incommoder les voyageurs.

Tout individu porteur d'une arme à feu doit, avant son admission sur les quais d'embarquement, faire constater que son arme n'est point chargée. Toutefois, lorsqu'ils y sont obligés par leur service, les agents de la force publique peuvent conserver avec eux, dans les voitures, des armes à feu chargées, à condition de prendre place dans des compartiments réservés.

Peuvent être exclues des compartiments affectés au public les personnes atteintes visiblement ou notoirement de maladies dont la contagion serait à redouter pour les voyageurs. Les compartiments dans lesquels elles ont pris place sont, dès l'arrivée, soumis à la désinfection.

ART. 82.

Les personnes qui veulent expédier des matières de la nature de celles qui sont mentionnées à l'article 33 doivent les déclarer au moment où elles les apportent dans les gares du chemin de fer.

ART. 83.

Aucun animal n'est admis dans les voitures servant au transport des voyageurs.

Toutefois, la Compagnie peut placer dans des compartiments spéciaux les voyageurs qui ne voudraient pas se séparer de leurs chiens, pourvu que ces animaux soient muselés, en quelque saison que ce soit.

En outre, des exceptions peuvent être autorisées pour les animaux de petite taille convenablement enfermés.

ART. 84.

Les cantonniers, garde-barrières et autres agents du chemin de fer doivent faire sortir immédiatement toute personne qui se serait introduite dans l'enceinte du chemin de fer ou dans quelque portion que ce soit des dépendances de la voie ferrée où elle n'aurait pas le droit d'entrer.

En cas de résistance de la part des contrevenants, tout employé de la voie ferrée peut requérir l'assistance des agents de la force publique.

Les animaux abandonnés qui sont trouvés dans l'enceinte du chemin de fer sont saisis et mis en fourrière.

TITRE VIII

DISPOSITIONS DIVERSES

Art. 85.

Dans tous les cas où, conformément aux dispositions du présent règlement, le Ministre des Travaux publics et des Transports doit statuer sur la proposition d'une Compagnie, celle-ci est tenue de lui soumettre cette proposition dans le délai qu'il aura déterminé, faute de quoi le Ministre pourra statuer directement.

Si le Ministre pense qu'il y a lieu de modifier la proposition de la Compagnie, il doit, sauf le cas d'urgence, entendre la Compagnie avant de prescrire les modifications.

Art. 86.

(Non applicable aux tramways urbains)

Si les installations de certaines gares, leur personnel ou le matériel roulant sont insuffisants pour permettre à la Compagnie d'assurer dans les circonstances normales la marche régulière du service, en observant les conditions et délais déterminés par les règlements et les tarifs, la Compagnie, sur la mise en demeure qui lui est adressée par le Ministre, doit prendre les mesures nécessaires pour y pourvoir.

Faute par elle d'avoir présenté au Ministre, dans le délai imparti par la mise en demeure, des propositions ou des projets suffisants, le Ministre statue directement.

En ce qui concerne les voies ferrées d'intérêt local, la mise en demeure est adressée et les mesures à prendre sont arrêtées, s'il y a lieu, par le Ministre sur la proposition du Préfet et sur le rapport de l'Inspecteur général du contrôle de ces voies.

ART. 87.

(*Applicable seulement aux tramways urbains*)

Si les installations des garages ou le matériel roulant sont insuffisants pour permettre d'assurer, dans les circonstances normales, la marche régulière du service en se conformant aux conditions résultant des règlements et du cahier des charges pour les horaires et la composition des trains, la Compagnie doit prendre les mesures nécessaires pour y pourvoir, à la suite de la mise en demeure qui lui est adressée par le Ministre des Travaux publics et des Transports.

Faute par elle d'avoir présenté au Préfet, dans le délai imparti par la mise en demeure, des propositions ou des projets suffisants, le Ministre statue directement sur la proposition du Préfet et sur le rapport de l'Inspecteur général du contrôle des voies ferrées d'intérêt local.

ART. 88

(*Non applicable aux tramways urbains*).

Aux gares désignées par le Ministre, les Compagnies entretiennent les médicaments et moyens de secours nécessaires en cas d'accident.

Art. 89.

Aucun crieur, vendeur ou distributeur d'objets quelconques ne peut être admis par les Compagnies à exercer sa profession dans les cours ou bâtiments des gares qu'en vertu d'une autorisation spéciale du Préfet du département, et dans les trains, qu'en vertu d'une autorisation spéciale du Ministre des Travaux publics et des Transports.

Art. 90.

Il est interdit d'introduire dans l'enceinte du chemin de fer, pour y être consommées par les agents, des boissons alcooliques autres que le vin, la bière, le cidre, le poiré ou l'hydromel non additionnés d'alcool.

Il est interdit au personnel des hôtels établis dans l'enceinte du chemin de fer, des buffets, buvettes et wagons-restaurants, de vendre aux agents et employés du chemin de fer des boissons alcooliques autres que celles qui sont dénommées ci-dessus.

Un règlement arrêté par la Compagnie et approuvé par le Ministre des Travaux publics et des Transports détermine les quantités de vin, bière, cidre, poiré ou hydromel non additionnés d'alcool que les agents des diverses catégories peuvent prendre avec eux, pour leur consommation personnelle pendant le service.

Art. 91.

Le Ministre détermine, la Compagnie entendue, les

dispositions relatives à la durée du travail des agents qu'il juge nécessaires à la sécurité de l'exploitation.

ART. 92.

Tout agent employé sur les chemins de fer est revêtu d'un uniforme ou d'un signe distinctif.

ART. 93.

Nul ne peut être employé en qualité de mécanicien conducteur de train ou de chauffeur s'il ne produit des certificats de capacité délivrés dans les formes qui sont déterminées par le Ministre des Travaux publics et des Transports.

ART. 94.

Il est tenu dans chaque gare un registre destiné à recevoir les réclamations des voyageurs, expéditeurs ou destinataires qui auraient des plaintes à former, soit contre la Compagnie, soit contre ses agents. Ce registre est présenté à toute réquisition des voyageurs, expéditeurs ou destinataires, et communiqué sur place aux fonctionnaires et agents du contrôle.

Dès qu'une plainte a été inscrite sur le registre, le chef de gare doit en envoyer copie au commissaire du contrôle de l'Etat de la circonscription sur les chemins de fer d'intérêt général, ou au chef du service du contrôle sur les voies ferrées d'intérêt local.

ART. 95.

Les registres mentionnés aux articles 20, 31, 60 et 94 sont cotés et paraphés par le commissaire du contrôle de l'Etat ou par le fonctionnaire du contrôle des voies ferrées d'intérêt local désigné à cet effet.

ART. 96.

Des exemplaires du présent décret sont constamment affichés dans les gares, à la diligence des Compagnies.

Le conducteur principal d'un train en marche doit également être muni d'un exemplaire du décret.

Des extraits contenant les dispositions qui concernent chacun d'eux sont délivrés aux mécaniciens chauffeurs, gardes-freins, cantonniers, gardes-barrières et autres agents employés sur la voie ferrée.

Des extraits, contenant les règles à observer par les voyageurs pendant le trajet, sont placés dans chaque compartiment.

ART. 97.

Sont constatées, poursuivies et réprimées, conformément au Titre III de la loi du 15 juillet 1845 sur la police des chemins de fer, les contraventions au présent décret, aux décisions rendues par le Ministre des Travaux publics et des Transports et aux arrêtés pris sous son approbation, s'il y a lieu, par les Préfets, pour l'exécution dudit décret.

Art. 98.

Les attributions données aux Préfets des départements par le présent décret sont exercées par le Préfet de police dans toute l'étendue de son ressort.

Art. 99.

Sont abrogés, sous les réserves inscrites à l'article 100, l'ordonnance du 15 novembre 1846, modifiée par décret du 1er mars 1901, portant règlement d'administration publique sur la police, la sûreté et l'exploitation des chemins de fer, et le décret du 16 juillet 1907 portant règlement d'administration publique pour l'exécution de la loi du 11 juin 1880 en ce qui concerne les voies ferrées établies sur le sol des voies publiques.

Art. 100.

Restent applicables à titre transitoire :

1° Aux voies ferrées d'intérêt local concédées sous le régime du décret du 6 août 1881, portant règlement d'administration publique pour l'établissement et l'exploitation des voies ferrées sur le sol des voies publiques, les articles 1 à 15, 17 et 18 du Titre Ier (Construction), l'article 41 du Titre III (Police et surveillance), les articles 42, 43, 47 à 50 et 52 du Titre IV (Dispositions diverses) de ce décret ;

2° Aux voies ferrées d'intérêt local concédées sous le régime du décret susvisé du 16 juillet 1907 les articles 1 à 15, 17 à 18 du Titre Ier (Construction),

63 à 65, 69 à 72 et 74 du Titre VIII (Conditions imposées à toutes les concessions) de ce décret.

Les mêmes articles restent applicables aux embranchements et prolongements des voies ferrées mentionnées sous les numéros 1° et 2° ci-dessus concédés postérieurement à la publication du présent décret et soumis au cahier des charges antérieurement approuvé pour les réseaux auxquels ils se raccordent.

Ces dispositions transitoires cesseront d'être applicables à chacune des lignes ci-dessus désignées lorsque son cahier des charges aura été complété par des articles remplaçant les articles des règlements antérieurs provisoirement maintenus en vigueur.

Art. 101.

Le Ministre des Travaux publics et des Transports est chargé de l'exécution du présent décret, qui sera publié au *Journal officiel* de la République française et inséré au *Bulletin des Lois*.

Fait à Paris, le 11 novembre 1917.

R. POINCARÉ.

Par le Président de la République :

Le Ministre des Travaux publics et des Transports,

A. CLAVEILLE.

AUXERRE. IMPRIMERIE GALLOT. — Mod. 905. — 1.000 ex. — 11-1920

www.ingramcontent.com/pod-product-compliance
Ingram Content Group UK Ltd.
Pitfield, Milton Keynes, MK11 3LW, UK
UKHW020326220726
13923UKWH00003B/1397